¡LO ENCANTADO!

BARCOS Y FAROS ENCANTADOS

Un libro de Las Ramas de Crabtree

THOMAS KINGSLEY TROUPE
Traducción de Santiago Ochoa

CRABTREE
Publishing Company
www.crabtreebooks.com

Apoyos de la escuela a los hogares para cuidadores y maestros

Este libro de gran interés está diseñado con temas atractivos para motivar a los estudiantes, a la vez que fomenta la fluidez, el vocabulario y el interés por la lectura. Las siguientes son algunas preguntas y actividades que ayudarán al lector a desarrollar sus habilidades de comprensión.

Antes de leer:

- *¿De qué creo que trata este libro?*
- *¿Qué sé sobre este tema?*
- *¿Qué quiero aprender sobre este tema?*
- *¿Por qué estoy leyendo este libro?*

Durante la lectura:

- *Me pregunto por qué...*
- *Tengo curiosidad por saber...*
- *¿En qué se parece esto a algo que ya conozco?*
- *¿Qué he aprendido hasta ahora?*

Después de la lectura:

- *¿Qué intentaba enseñarme el autor?*
- *¿Qué detalles recuerdo?*
- *¿Cómo me han ayudado las fotografías y los pies de foto a comprender mejor el libro?*
- *Vuelvo a leer el libro y busco las palabras del vocabulario.*
- *¿Qué preguntas me quedan?*

Actividades de extensión:

- *¿Cuál fue tu parte favorita del libro? Escribe un párrafo al respecto.*
- *Haz un dibujo de lo que más te gustó del libro.*

ÍNDICE

MARES ESPELUZNANTES

Estás en la cubierta principal de un viejo barco, anclado para siempre cerca de un faro abandonado. El viento aúlla a través de la bahía llevando consigo una voz desconocida. Un sudor frío te hiela la columna vertebral, pensabas que estabas solo. Una luz titila en la pequeña ventana del alto faro. ¿Estarán los fantasmas aferrándose a este barco y a este faro?

Casi cualquier lugar del mundo puede estar encantado. Los barcos y los faros son lugares donde los hombres y las mujeres del mar pasan muchos años de sus vidas. Parece como si algunos no estuvieran listos para irse... incluso después de muertos.

Agarra tu linterna y respira profundo. Estás a punto de descubrir por qué estos barcos y faros están dentro de ¡LO ENCANTADO!

UN DATO ATERRADOR

Hay más de 22 900 faros alrededor del mundo.

EL SS OURANG MEDAN, INDONESIA

El SS Ourang Medan fue un barco de carga indonesio. A finales de la década de 1940, cuando estaba en el mar, mandó un mensaje por radio pidiendo ayuda. El mensaje decía que todos los que estaban en el barco parecían estar muertos. Otro mensaje simplemente decía: «Me muero».

Unos botes de rescate encontraron el barco en el mar, nadie estaba al control. Todos los que estaban a bordo habían muerto y sus caras estaban congeladas de terror.

No hubo ninguna explicación para lo que le sucedió al Ourang Medan. Algunos creen que fuerzas **paranormales** mataron a toda la tripulación. Los botes de rescate intentaron llevar el barco maldito a la orilla cuando un incendio ocurrió debajo de la cubierta. Tan pronto cortaron los cables de arrastre, el Ourang Medan explotó y se hundió en el fondo del mar. Nadie sabe cómo murió la tripulación ni qué causó la explosión.

EL SUBMARINO 65,
ALEMANIA

Durante la Primera Guerra Mundial, Alemania estaba construyendo submarinos para ayudar en las batallas. El Submarino 65 fue trágico desde el comienzo. Muchas personas murieron durante su construcción, y un oficial militar murió cuando un torpedo explotó en el mar.

Casi todos los tripulantes del barco vieron al fantasma del oficial. El fantasma caminaba por la pasarela, miraba el mar y luego desaparecía.

UN DATO ATERRADOR

En 1918, pocos meses antes del fin de la guerra, el Submarino 65 fue visto por un submarino estadounidense. Antes de que este pudiera dispararle al enemigo, el submarino alemán explotó por sí solo.

EL BELLE
DE LOUISVILLE, KENTUCKY

El Belle de Louisville es un barco de vapor construido en 1914. Fue usado como transbordador, como bote para repartir el correo y como barco de excursiones. El Belle es considerado un monumento histórico nacional.

Poco después de la Segunda Guerra Mundial, el capitán Ben Withers sufrió un ataque al corazón y murió a bordo del Belle. Su fantasma ronda todavía por el barco: muchos han visto su imagen aparecer.

EL QUEEN MARY, LONG BEACH, CALIFORNIA

El Queen Mary es un trasatlántico construido en la década de 1930. Era considerado uno de los barcos más grandes que había en el mar. Transportaba celebridades de Hollywood, miembros de la realeza y dignatarios.

En septiembre de 1939 estuvo anclado por última vez como barco de pasajeros. Más adelante, durante la Segunda Guerra Mundial, fue utilizado para transportar soldados. En medio de la guerra, el Queen Mary chocó contra un buque escolta y lo hundió.

UN DATO ATERRADOR

El Queen Mary fue pintado de gris cuando transportó a las tropas durante la Segunda Guerra Mundial. Su sobrenombre durante esa época era «el fantasma gris».

Al igual que casi todos los barcos encantados, el Queen Mary no estuvo libre de tragedias. Durante su época como trasatlántico, 49 personas murieron en él. Algunos consideran que este barco es uno de los sitios más encantados de Estados Unidos.

Los investigadores afirman haber sentido la presencia de un bombero que murió aplastado por una puerta hermética. Otros creen que la piscina del barco está embrujada por una niña que se ahogó allí.

El Queen Mary ya no recorre los mares. Está atracado para siempre y fue convertido en un hotel. El **camarote** B430 es considerado como el más encantado del barco. Las llaves del agua se abren por sí solas, las puertas también, las sábanas son jaladas mientras los huéspedes duermen y una figura oscura aparece en un extremo de la cama. ¡Duerme allí si te atreves!

EL FARO DE TALACRE, PUNTO DE AYR, GALES

El faro de Talacre, punto de Ayr, situado en la costa norte de Gales, fue construido en 1776 y usado para guiar a los barcos que entraban al río Dee. Fue abandonado a comienzos de la década de 1840... aunque parece que no del todo.

A veces se aparece por la noche el fantasma de un hombre con ropas antiguas. Lo han visto arriba del faro, mirando el océano.

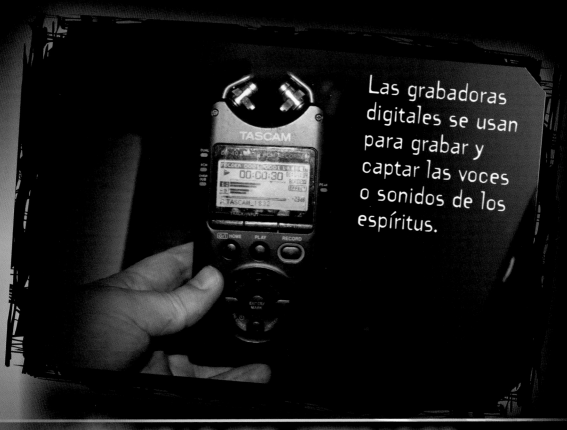

Las grabadoras digitales se usan para grabar y captar las voces o sonidos de los espíritus.

UN DATO ATERRADOR

Unos investigadores paranormales, mientras estaban en el faro, tuvieron contacto con un espíritu llamado Raymond. Raymond trabajó allí como guardián y luego murió en el faro de una fiebre.

EL FARO DE POINT LOOKOUT, MARYLAND

El faro de Point Lookout está situado en el extremo sur del condado de St. Mary, en Maryland. Fue construido en 1830 para guiar a los botes por el río Potomac y la bahía de Chesapeake.

Durante la Guerra Civil, un campo para prisioneros de guerra fue construido al norte del faro. Unos 4 000 hombres murieron y fueron enterrados allí. Las tumbas fueron removidas después. Varias mujeres fueron detenidas y torturadas en el faro.

El faro ya no está en uso, pero sigue activo.
El espíritu de una mujer con una blusa blanca
y un largo vestido azul aparece arriba de
las escaleras. Algunos creen que es Pamelia
Edwards, quien fue la guardiana del faro
durante la Guerra Civil.

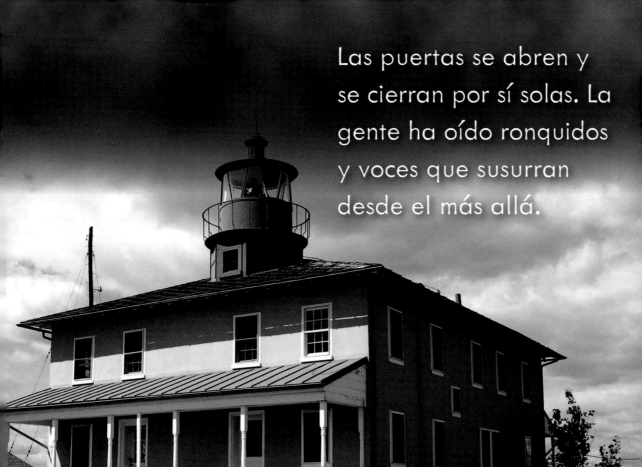

Las puertas se abren y se cierran por sí solas. La gente ha oído ronquidos y voces que susurran desde el más allá.

Un cuarto en la planta de arriba olía a podrido y el mal olor no desaparecía. Los **parasicólogos** investigaron y concluyeron que venía del dolor y del sufrimiento de los prisioneros que estuvieron allí. El olor desapareció poco después de que ellos dijeran eso.

EL FARO SOUTER, INGLATERRA

El faro Souter, con rayas rojas y blancas, está situado en Marsden, una aldea de Inglaterra. Construido en 1871, fue el primero en usar electricidad para alimentar su potente luz. El faro fue desmantelado en 1988, pero sigue abierto para recorridos.

El personal del faro ha visto cucharas flotar, también han descubierto lugares fríos y han sentido que alguien los agarra. La mayoría de la actividad paranormal sucede en la cocina y en los cuartos.

UN DATO ATERRADOR

Un hombre alto y fantasmal fue visto en un pasillo llevando el uniforme del guardián de un faro. Cuando el fantasma desapareció, se sintió un fuerte olor a tabaco.

EL FARO DE POINT SUR, CALIFORNIA

El faro de Point Sur en California está situado en la hermosa costa del océano Pacífico. Fue construido en 1889 y era uno de los faros más remotos del país. El médico más cercano estaba a cuatro horas de distancia y la carretera más cercana estaba a varias millas.

varias familias vivieron y trabajaron en el faro, hasta que fue automatizado en 1972.

Se cree que las familias que vivieron allí rondan el faro hasta el día de hoy. Los guías turísticos suelen llamar a los fantasmas, con el fin de pedirles permiso para entrar. Algunos de los guías han registrado voces en sus grabadoras.

Mucha gente ha visto fantasmas en el faro. Uno de ellos es el fantasma de un hombre que, parado afuera, mira a la ventana de la sala.

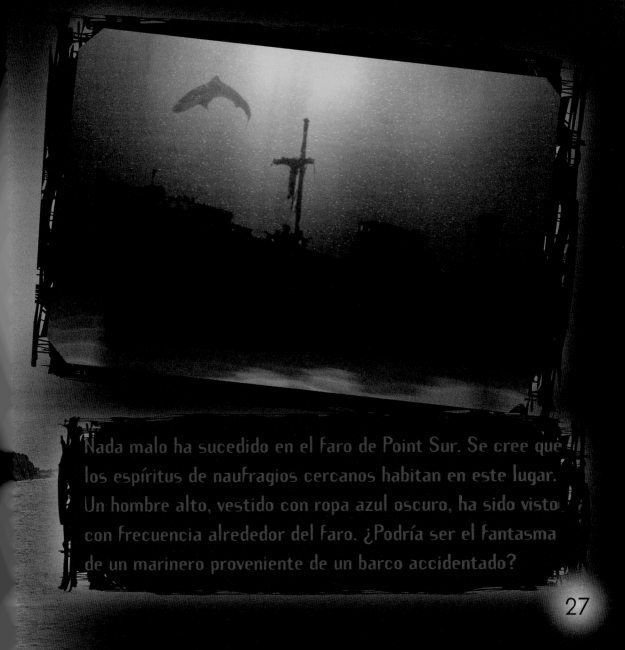

Nada malo ha sucedido en el faro de Point Sur. Se cree que los espíritus de naufragios cercanos habitan en este lugar. Un hombre alto, vestido con ropa azul oscuro, ha sido visto con frecuencia alrededor del faro. ¿Podría ser el fantasma de un marinero proveniente de un barco accidentado?

CONCLUSIÓN

¿Los fantasmas realmente espantan en estos barcos y faros? Lo que una persona ve, otra lo podría negar.

Está en tus manos decidir qué creer. Si oyes o ves algo macabro, escríbelo o captúralo con una cámara. La evidencia que descubras podría ayudarnos a entender ¡LO ENCANTADO!

GLOSARIO

automatizado: Sistema que funciona por sus propios medios sin la ayuda de una persona.

blusa: Camisa suelta utilizada por las mujeres.

camarote: Cuarto privado en un barco.

desmantelado: Abandonado.

dignatarios: Personas importantes de alta posición.

excursiones: Viajes cortos de diversión y placer.

paranormales: Eventos extraños que están más allá de la comprensión normal.

parasicólogos: Personas que estudian los eventos paranormales e inexplicables.

remotos: Lejanos o distantes.

ÍNDICE ANALÍTICO

SITIOS WEB (PÁGINAS EN INGLÉS):

https://kids.kiddle.co/Ghost

www.hauntedrooms.co.uk/
ghost-stories-kids-scary-childrens

www.ghostsandgravestones.com/
how-to-ghost-hunt

ACERCA DEL AUTOR

Thomas Kingsley Troupe

Thomas Kingsley Troupe ha escrito muchísimos libros para niños. Sus temas incluyen fantasmas, Pie Grande, hombres lobo e incluso un libro sobre la suciedad. Cuando no escribe o lee, investiga lo paranormal como parte de la Sociedad Paranormal de las Ciudades Gemelas. Vive en Woodbury, Minnesota con sus dos hijos.

CRABTREE Publishing Company

Produced by: Blue Door Education for Crabtree Publishing

Written by: Thomas Kingsley Troupe

Designed by: Jennifer Dydyk

Edited by: Kelli Hicks

Proofreader: Crystal Sikkens

Translation to Spanish: Santiago Ochoa

Spanish-language layout and proofread: Base Tres

Print and production coordinator: Katherine Berti

Las imágenes y fotografías de «fantasmas» contenidas en este libro son interpretaciones de los artistas. La editorial no asegura que sean imágenes reales o fotografías de los fantasmas mencionados en este libro.

Photographs: Cover: lighthouse and captain © lassedesignen, ship deck © Tanya Sid, skull on cover and throughout book © Fer Gregory, pages 4-5 creepy picture borders here and throughout book © Dmitry Natashin, page 4 © Rush Photography Calgary, page 5 © Shi Yali, page 6 map © Intrepix, ship © Chris Iseli, page 7 © Joe Prachatree, pages 9 u-boat © Massimo Vernicesole, officer © Kozlik, page 10 © Thomas Kelley, page 12 © Editorial credit: Philip Pilosian / Shutterstock.com, page 15 © DarkBird, page 16 © hristianRogersPhotograph, page 17 © Juiced Up Media, pages 18-19 © Rhys Felsher, page 20 © AlessandraRC, page 21 g Daniel M. Silva, page 22 © JPMedia Productions, page 23 © Anthony McLaughlin, pages 24-25 © Rodrigo Sa Barreto, page 25 inset photo © Lynn Yeh, page 26 © travelview, page 27 © Grindi, page 28 © ArtMediaWorx, page 29 © Ashley EM. All images from Shutterstock.com except page 11 courtesy of the U.S. National Archives, page 13 courtesy of the U.S. Navy, page 14 © David Krieger https://creativecommons.org/licenses/by/2.0/deed.en

Library and Archives Canada Cataloguing in Publication

Available at the Library and Archives Canada

Library of Congress Cataloging-in-Publication Data

Available at the Library of Congress

Crabtree Publishing Company

www.crabtreebooks.com   1-800-387-7650

Copyright © 2022 **CRABTREE PUBLISHING COMPANY**

Published in the United States
Crabtree Publishing
347 Fifth Avenue
Suite 1402-145
New York, NY, 10016

Published in Canada
Crabtree Publishing
616 Welland Ave.
St. Catharines, Ontario
L2M 5V6

Printed in the U.S.A./092021/CG20210616